簡婉著　王立文教授工作室圖

文史哲詩叢 40

雲語——無限緣起

文史哲出版社印行

國家圖書館出版品預行編目資料

雲語：無限緣起 / 簡婉著，王立文教授工作室圖.
-- 初版. -- 臺北市：文史哲, 民 89
面： 公分 - （文史哲詩叢；40）
ISBN 957-549-329-x (平裝)

851.486 89016200

文史哲詩叢 ㊵

雲語：無限緣起

著　者：簡　婉
繪畫者：王立文教授工作室
出版者：文史哲出版社
登記證字號：行政院新聞局版臺業字五三三七號
發行人：彭正雄
發行所：文史哲出版社
印刷者：文史哲出版社
臺北市羅斯福路一段七十二巷四號
郵政劃撥帳號：一六一八〇一七五
電話 886-2-23511028 · 傳眞 886-2-23965656

中華民國八十九年十月初版

250

ISBN 957-549-329-x

王序

近年來社會流行著網路熱，許多人上網掏金，我對網路則持另一種看法，我以為網際網路是人類心智結構的一種模式，它未必一定要被用來做電子商務，它是可以用來理解世事的。

為了免於落伍，我常在不同的網站上瀏覽，逐漸有個感覺，人類常因職業或專長使其好似執著在某一「網站」，而被該「網站」困住。比如學理工的，「理工」就變成了他經常上的「網站」；學人文藝術的，「人文藝術」亦變成了那人經常上的「網站」。當一個人只在某一「網站」，投入整個生命，在其中廝殺時，勝則狂傲不可一世，敗則如鬥敗之公雞，他的價值是單向的，思維是偏頗的。因某些機緣，我對通識教育有些認識和興趣，比較不會被一固定「網站」鎖住，雖然我的本行是機械工程，但我卻經常上「人文藝術」、「社會科學」及「管理」等異類「網站」瀏覽。

簡婉小姐在元智大學服務亦在藝管研究所就讀，其詩文之優異早為同仁、同儕稱道，簡小姐對藝術之愛好亦是她再進修的動力，她可以說在「人文藝術」的「網站」上已表現不凡。本人因為做熱對流學的研究，在實驗室中獲得不少精緻的流體模型照片，這些圖片在理工的脈絡裡具科學上的意義，不過這些圖片被簡小姐慧眼所識，給了它們一些「藝術」的意味，穿插在她的詩文裡，可有些陪襯作用，如此這些圖片似乎有了「超連結」的作用，使我研究工作中「枯燥」的作品進入了「人文藝術」的「網站」。

詩文圖片的欣賞可以提昇人們的精神境界，不同專長的朋友，何妨歇一會，跳出一直執著的「網站」，展閱這本詩文圖片小集，讓自己的人生多些不一樣的內容！

元智大學教務長暨機械系教授
中華民國通識學會理事
王立文 序於台灣中壢元智大學
西元二〇〇〇年十月

見山不是山——代序

簡婉要出第二本詩集了。繼《花語》之後，這本《雲語》有了繁華落盡的蛻變。我有幸一路追溯著她的詩心，十年似水的流水，似淡又濃的姐妹情誼，不僅讓我看到了一株芳草如何披離綿延，漫成青野；也讓我一窺美人幽姿在山顛水湄，何等溯洄宛轉的靈光！誠如她的詩句：

一場天地演繹的妙法／空有與無常
（我遲了）

僅僅一支舞／單單一個人／也可以情意無限了
（獨舞）

這就是新的簡婉，歷人事劫火，褪盡印痕，破繭化羽之後，另一種旋舞，另一種蹁躚。

穿梭在生命亙古的時空中，觸引著迷航的心靈，這一直是簡婉詩中最動人的情致，「如走迷霧／如航深海／困頓了生命的去向」（晚課）、「冰的今生是水之前世／水的今生是冰之來世」（冰與水）、「幾回秋去，傷口不癒／成了靈魂深烙的印痕」（印痕），就是這樣一口深深的心靈幽井，抽繹著生命的長絲，從前世到今生，從迷夢到醒覺，她努力刻畫出一條生命的清淨道路，她的語言迴蕩天地間，觸動讀者如湧的心泉，彷彿人人生命中的一口深井，也與她迴旋共鳴了。

我直覺地感到，秋去春來，在寒冰與飛雪之後，簡婉似乎已進入見山不山的境地。在這本詩集的語言，無意間也透露著萬古長夜，清輝獨照的孤寂；有時則有意無意的造成矛盾與錯綜往復的語法，似乎在嘲諷人世間語言的貧乏與無用，展示著天地間一種無語的吊詭。這究竟是簡婉詩藝上精湛的呈現？還是天地萬籟的音聲粹聚在一個靈慧的詩人身上所引發的鳴響？總之，簡婉似乎是往一種言而無言的道路邁進了。

如果我是月光，我願隨她步履薄冰，觀賞人世冷暖；如果我是花葉，我願承納靈覺的詩人賦予我世界的脈絡，天地的消息。對於簡婉以及她的詩，無疑的是，我心靈深處最美麗的悸動。

台大中文系教授　**蕭麗華**謹識於玉函樓
二〇〇〇年九月二十九日

雲語——無限緣起

目錄

卷二·印痕

卷二·雲 語

靈心之繪

卷一・繁華落盡

雪之沈默

・之一

若下爲雨，繁言複語
總說不清情意
若下爲雹，急語利語
易傷了情意
不如爲雪，無言無語
明明白白的情意

・之二

雪之爲雪
只爲沈默

一片音聲雜染
都會驚碎她，纖淨之姿
沈默只爲保有
一心的純然
一身的無染

·之三

似輕柔若無力
轉眼間
呑沒山河
以冷冷的飄白
那力量，鋪天蓋地
正來自沈默
萬物爲之驚懼
萬籟爲之俱寂

晚課

——謹獻給那些無名的傷害

許多功課
攸關人生的
不定時，不預見地交到手上
等待完成，等待圓滿

有些功課，簡淺
用點心意，便歡喜地了結
有些功課，繁重
步步艱難，行於蒺藜
以半生的血淚償還

有些功課，難解無解
於老病死，於愛怨悔
如走迷霧，如航深海
困頓了生命的去向

無解的功課啊，於我
成了日日必做的晚課
在暮風初起時
在燭光淚影中
焚起一片栴香的虔敬
供起一杯清淨的誠意
向諸天上方，十方三世
讀我虛彌的罪業
誦我無始的愚癡
唱我無盡的悔懺
一遍復一遍

一日復一日，唱徹了
三萬六千孔毛酣暢淋漓
五根六塵一片清朗
無解的功課悉漸明白
日日的晚課次第圓滿

許多功課
攸關重重疊疊的人生
在我日日的晚課中
了然了然，如見
花開花落

償還

曾經曾經
我是爲領受你的千刀而來
那日日夜夜的摩刻
那一斫一鑿的敲琢
寸寸斷落我千年的愚騃
在黃沙飛磧的幽閉石窟中
你掌中忍握著血淚
雕我以愛人的眉眼
容情娟娟，垂目思惟
塑我以戀人的胴體
神態端端，宛轉動人

三十二相未成
驚見覆藏在我冥頑之內
一座清麗的佛身
隱然成形

如今如今
我端坐在蓮台之上
衆寶披飾
相好莊嚴
接受千千萬萬的膜拜
領納無盡無數的供養
諦聽衆生芸芸的心願
然而，結趺者
也有一瓣心花未開
也有一偈心語未解
啊！該如何償還

你忍心成就菩提於
曾是頑石的我——
千萬分之一

註：敦煌石窟是中國藝術史中最輝煌燦爛的一頁，其中尊尊動人心腸的佛像，在我探討學習的路上，深深牽引著我的魂夢，故有此一聯想之作。

獨舞

僅僅一支舞
單單一個人
也可以情意無限了
與晚風，與流雲

看滿天凝亮的眸光
聽遍地靜奇的采聲
鶯聲宛轉
花香流轉
一個人月下旋轉
以翩躚，我是夜來

最美麗自在的一支舞

僅僅一支舞
單單一個人
也可以情意無限了
與虛空，與靜寂

錯過

那一夜你過錯了
滿天閃逝的流星
在島的南方
我與晚風肩並肩坐看
一顆顆墜落天際的祈願

那一季你錯過了
滿野馥麗的花香
在陽光的故鄉
我與彩蝶一路追逐
一瓣瓣隨風飛去的夢幻

那一年你錯過了
滿心瑩亮的祝福
在寒冷的異鄉
我與飛雪漫步驚聽
一聲聲等不到回音的落寞

那一生你錯過了
滿載思慕的愛情
在華樣的青春
我與自己沿岸揀拾
一片片落水飄零的情意

啊！一再的錯過
無可彌補的錯過
我終將一生苦候成
一座幽徑寂寂的寺院

在晨鐘暮鼓聲中
諦聽自己
遍遍無悔——

冰與水

有人問起
冰與水的關係

我笑了笑
冰是禁錮靈魂裡
堅持不流的淚
水是自由心靈裡
奔流不止的淚

你搖搖頭
冰是寧虛世界裡

冷眼觀照的心
水是飄浪人海裡
隨波流轉的心

不對不對，我說
冰的窮處是水之始
水的盡處是冰之初
情的深處是淚之始
淚的宿處是情之初

你復搖搖頭
冰即是你，水就是我
冰含水裡，水藏冰中
你在我裡，我在你內
冰水相溶，你我相融

我流著淚，點點頭
冰的今生是水之前世
水的今生是冰之來世
你的今生是我之前世
我的今世是你之來世

註：詩中的「我」是「假我——意識之我」，「你」是「眞我——自性之我」。

繁華落盡

・之一

淚水已盡
愛恨已償
秋來的月色份外明淨
晚來的山風份外清涼
回首山下，燈火喧騰處
紅塵已遠
此刻一身無怨
人近黃昏
鐘聲是我的皈依處

・之二

脫落一身塵煙
捨盡三千煩惱
把一辮髮香供在佛前
此刻一身了然
若問還有什麼可以供養
我想是那心田裡尚待開起的
朵朵馨香

・之三

把身還給自在
把口還給清淨
把意還給沈定
把繁華還給空無
把空無還給空無
此刻一身無染

我想可以端坐成一朵
美麗的蓮花
在你的對岸

痛

那隱身的復仇者
左手持以匕首
右手提以繩索
趁我輕忽不備之際
潛行入室
挾持我的靈魂以鞭笞
凌遲我的心志以切割
挑釁我的意念以撥刺
荼毒我的肝腸以冰炭
並悻悻然扯斷一根根緊懸的筋絡
我看見一個無可遁逃的自己

扭曲、撕裂、變形
在颼颼的冷風中
任呼天喚地，諸神不應

想起那十字架上的血漬
釘的是誰的罪？
受的是誰的苦？
復的是誰的仇？
上帝，只有祢知道

茶的苦思

我的憂悲苦惱
怯生生地在你坐前
一一被談笑成
片片落水的風聲了
流過你哲深的眼底
我不過一簇卑微
離枝離葉何憂
水火煎熬何苦

人間好夢有幾，你說
莫再戀戀山間翠葉娉婷

莫再念念清風陽光遍拂
剪枝擇葉總比風雨落葉
苦澀一生總比無味一生
捨身給予總比終身無予

從火裡來，水裡去
以一已之悲苦
挹注衆人的杯盞芬芳
以一身之辛酸
贏博滿堂的喝采歡笑
我在沸沸的水聲中
舒展了衆人的情懷
卻也舒解了自己的心事
一片又一片
在聚散浮沉間
啊！命運之奇詭

誰能悟得其中隱奧——
那最苦澀的原是最甘美的

華嚴海

行大道如走細索
走細索如行大道
步月光如履薄冰
履薄冰如步月光

賞飛雪如看落塵
看落塵如賞飛雪
觀汐浪如見人潮
見人潮如觀汐浪

啜冰霜如飲春風

飲春風如啜冰霜
啖清水如灌醍醐
灌醍醐如啖清水

坐小樓如居高塔
居高塔如坐小樓
睡寒氈如臥大地
臥大地如睡寒氈

拈花葉如探世界
探世界如拈花葉
知微草如讀宇宙
讀宇宙如知微草

我遲了

寶坐已圮，佛身已毀
不見僧影，不聞經語
這千年的悠悠時空
如何過渡到一片荒煙蔓草
我來，竟是爲了
一探荒土的悲涼
一握塵剎的空寂
那人身難遇未遇的
盛世因緣已滅
哪裡是說法三千？
哪裡是華香遍滿？

殘垣斷瓦靜靜訴說
聖人的足跡已渺
心靈的殿堂已毀
歲深苔痕裡
該往何處膜拜？
該往何處跪懺？
我一再無知的錯過
在往返的輪迴中
今生已遲
而遲了竟是爲了目睹
一場天地演繹的妙法
——空有與無常
悲心湧起在夕陽衰草間
我五體伏地

藝之說

慾望之裸的窺視者
意識之淵的探掘者
夢幻之境的追逐者

你那翻雲覆雨的掌
究竟想撥弄些什麼
你那深徹幽幻的眼
究竟已穿透些什麼

爲什麼一隻手
可以圍繞成一束茴香
爲什麼一張臉譜
可以撒裂成一場夢魘

爲什麼一對戀人
可以擁抱成一片風景

總是從顚覆中走出自己
又從解構中走入自己
有時是暴君，腳踩世界
以恐懼的魔幻逼人沈默
有時是天使，舞在天堂
以無邪的童趣令人忘憂

教人如此愛又如此畏
讓人如此迷又如此懼
你對視衆生以睥睨
非等閒的狂妄若此
究竟誰敢這般？
畢卡索眼底的笑意很冷

卷二・印痕

問候東坡

——讀秋雨《山居筆記》有感

你這一謫
從冠蓋滿城的京華到黃州
到幽荒蠻夷之海南
而我這一調
不過從樓上到樓下
這一棟樓到另一棟樓

歷史洪流見證你
捲起過漫天的巨大政治風浪
——驚濤裂岸

只有微冷星月知道我
掀起過一水的微小秋波恩怨
——漣漪渺渺

邦國無道，倡優當道
竟容不下一個高貴可愛的靈魂
任放逐飄泊在險山惡水
孤獨無告，淒涼誰見
包圍者攻訐你眞誠的詩篇
誣陷者扭曲你正直的勇氣
只因你閃亮奪目的華采
將四週的筆墨比得十分寒傖
千古奇才的刺眼光芒
孰可忍受？

棍棒聲此起彼落

從京城一路打到天涯盡頭
打得遍體傷痛鏗然有聲
打得篇篇詩話壯麗不朽
在幽放的僻地山水間
貧瘠適足以肥沃
困蹇適足以淬勵
寂滅適足以再生
你面對，領會，超越，昇華
終於成熟了恢宏的大塊文章

如林間清風，如深谷白雲
你一襲灑然的身影
在千年之後的蕭條異代
仍牽繫住一雙閃閃的眸光
以深思的仰望
以深情的凝望

一介現代無名女子如我
顫抖抖地，舉起滿杯的敬意
遙向千古風流人物，問候
「東坡先生，別來無恙！」

註：詩中一句「將四週的筆墨比得十分寒磣」係借自余秋雨先生的文章。

詠太白

・之一

飲者，太寂寞
強把愁悵斟滿空杯
舉向大地向虛空
邀風邀月
邀一團零亂的影兒
且歌且舞
且將愁悵飲盡
走向一口粼粼的塘水
垂釣自己

·之二

分明聽見
月亮落水的聲音
奮不顧身下水
沈沈撈起的卻是
一隻濕漉漉的靴子
滿口猶泥塞著詩句朦朧
依稀聽得一句
「我是開放在盛唐
最娉婷最美好的
一枝青色的蓮花……」

花想二帖

——看 O'keeffe 畫有感

・之一

碩大的誘惑
一朵盛開的花容
淡雅幽紫的愛莉絲
以極敞開的胸懷引人
一探深喉嚨，花底的秘密
潛藏其中是否——
生命的悸動
情感的勃發
（你看得如此出神，　到底看出什麼奧妙？）

·之二

獸骨與鮮花
死神與青春
醜惡與美麗
虛無與存在
絕對與相對

一席神秘的對話
一場吊詭的辯證
一則禪機的公案
在流動的色彩間
悄悄地展開

（你看得如此入神，是否已得個中三昧？）

淚的獨白

以一顆淚的單純
對你說呀，對你說
我已無所謂，無所謂
一扉頁的春夢華年
寫著一首情深馥郁的詩
第一朵的美麗
第一瓣的寂寞
還來不及翻讀吟詠
即被撕下，燃燼成灰
那火裡字字句句的灼痛啊
燒的盡是一遍遍向風裡呼

雪裡喚雨裡尋霧裡覓的
你的名字，我青春憂悒的本色

我已無所畏，無所畏
一長卷的悲歡人生
寫著一幅清寂蕭然的山水
一彎跋涉的心事
一脈起伏的牽戀
筆墨未乾，尚不及鋪色
即被淹染，淚水濕透
那淚中一筆一劃的刺痛啊
再也勾勒不清夢裡的追憶
任向九天向碧落向黃泉問
你的蹤影，我哀樂年歲的塵色

註：第一句「以一顆淚的單純，對你說呀對你」係出自吾所鍾愛的詩人夐虹之筆。以此借爲本詩開端，原是一日飯間，靈感乍現，偶得之作。

只為夜色太酩酊

是誰將黃昏飲成
一片酩酊的夜色
琥珀的液體斟滿了孤獨靈魂的空尊
杯杯晃晃，步步恍恍
數不清幾朵胭脂酡紅醉倒廊前
只要再暗飲一口
淚就憂悒決岸
淹溺眼底的人影

是誰將蟬聲吟成
一片盪漾的秋色

天河的水聲流過了視野蒼茫的詩篇
句句清淺，字字襲人
望不盡幾朵秋水芙蓉在河中央
只要再涉水一步
人就捲入渦漩
陷入深深相思海底

讓遠去的遠去

讓狂嘯的，狂嘯
讓沈吟的，沈吟
讓佇立的，佇立
讓凝望的，凝望
讓惆悵的，惆悵
讓結束的，結束
讓遠去的，遠去

當兩顆孤獨的行星
相會於浩翰的宇宙中
而磨撞而電光火石

而地裂山崩的剎那
落塵的命運早己註定

美麗的激情空如
燦烈的煙花一瞬
當最後一道火光燃燼
黑夜依然是黑夜

梁祝

別後的心情，恰如
清明雨後的春草
淒淒離離，更遠更生
鳥聲都寂寞，風影也寥落
天地何昏昏，四野何沈沈

是誰嘆息復嘆息
在我四季蟲吟的耳畔
是誰徘徊復徘徊
在我層層花落的身傍
是誰在我額前

泣下露珠芳草一株
是誰在我身後
舞下迴旋夢曲一段
夜裡的思憶閃了又閃
風中的身影滅了又滅

枕著一片泥黑
還來不及想起一切
恍兮忽兮
一雙翼影宛轉
飛來碑頭，若有所思
那靈靜的氣息隱隱含香
似是我深悉依戀
朝朝暮暮不能相忘於
露冷煙寒草深木長
春風秋雲日升月落

莫是你，莫是你
忍伴一顆冷寂的心靈
在山之側，水之濱
在天將闇，地將老
將隔世的相思訴說
以淚痕，以夢影
以美麗的魂魄
化一羽蝴蝶翩翩

啊！前世的戀人
妳那薄薄雙翼負載的深情
是我萬劫的救贖
於無邊深淵

聽見花落

暮春午後
一朵雨中的嫣紅
自西院花牆
幽然飄落
墜地如雷

驚起眾芳嘩然
群蝶東西奔告
雨蕉駐足搖嘆
風柳來回低吟

牆裡紅帳內
一雙青春多感
雪白深情的耳翼
棲在溫柔寬厚的肩頭
聽得——
黯然心驚
清淚如流

淒兮！美兮！
這節烈的告別

印痕

不知何時起
(天地之始吧)
夜的胸膛有枚
明亮的傷口，又圓又大
每遇潮升幽幽發作
在浩浩的寂空裡
有時清輝灼灼
逼痛黑暗
有時光影淡淡
暗傷雲魄
幾度圓缺，傷口恆在

成了荒夜永遠的印痕

不知何時起
（愛情之初吧）
戀人的胸膛有枚
美麗的傷口，無形無狀
每回月圓隱隱發痛
在無邊的孤寂裡
有時月照西窗往事
逼痛回憶
有時月落街頭孤影
暗傷神魂
幾回秋去，傷口不癒
成了靈魂深烙的印痕

長日將盡

如果還有一抹霞彩
徘徊在山頭
如果還有一片晚潮
擱淺在灘頭
如果還有一記鐘響
迴盪在廊頭
如果還有一行燈火
遲疑在街頭
那是因爲旅人啊
你的一箱寂寞不肯收拾
你的一身孤獨不肯上路

看！黃昏為你舖展的美筵
薄薄的紫幕
淡淡的茉香
還有清風如新釀
莫再細數指間的光影
莫再來回躊躇空望
舉杯告別吧，旅人
那白日縱然璀璨如玉
散了的光輝，猶如
散了的珍珠一地
難再補綴，欲尋
只有向夜深處
那兒藏著異樣的美
異樣的光華
一樣令人陶醉
去吧，去吧，旅人

黃昏送別的行列
已迤邐到天邊
夜在路的盡頭
擎起一盞明珠
爲你等候——

散戲

——念亡父

唱罷這戲，今晚
你將歸何處，歸何處
夜色正迷麗
燈火才輝煌
你卻說累了疲了
想要遠離，趁風歸去
你說，不過歌風舞雪一場戲
何以戀戀不去，從來
誰會記取歌聲裡的淚痕
誰會想起終曲裡的舞影

厭了倦了，你說
不過朝煙暮雨一夕夢
何必牽牽不捨，從來
誰見雲過水塘留影
誰見鳥飛空中著跡
自有冰火冷暖，行者自知
自有雷風烈日，行者無懼

是散戲的時候了，你說
各有各該行的道路
各有各該渡的川河
此岸彼岸不過一念
休問歸處，休問歸處
脫下戲衫，卸下粉妝
你雙手虛空一放
頭也不回，一點一滴

溶入夜裡，化入虛空
無息無風，無影無蹤
啊！不是才開鑼嗎？
怎麼就要散戲了散戲了

卸妝

——念亡父

爲什麼人潮都散去
爲什麼旅途又展開
夜已深已寒
天涯盡處多寂寞
你莫要急著離去離去
今晚，最後一次最後一次
我爲你親自卸妝
卸去那一生的滾滾煙塵
卸去那一身的僕僕滄桑
從第一瓣的憂惱起

雙手顫顫以虔敬
淚眼懺懺以沈靜
今晚，最後一次最後一次
我爲你輕輕地
卸去那生命裡橫盤的傷痕
卸去那憂容裡嶙峋的心事
從第一記愛恨起

也有溫柔的夢境留過你
也有驚狂的雨夜磨過你
在宿命與拼命之間擺盪
在醒悟與疑惑之間矛盾
從昨日的昨日到今日
從前生的前生到今生
走過的路途有多崎嶇
擁抱的月夜就有多暗慘

在你苦色無邊的倦容
寫著一步一沈吟
落寞無人見

到如今風停雨歇
再無點滴心愁
這天涯的盡頭
想必是晴好的歸程
想必是般若的舟岸
不忍告別，不得不告別
今晚，最後一次最後一次
我爲你默默地
卸去你蒼容裡纏繞的迷惘
看！眼角一顆珠淚閃閃
是悲喜，是不捨
欲問已天上人間

茫茫無從
無從——

卷三・雲語

愛情三唱

若有一種愛情叫人泣血
以生死相許
我想起黛玉的淚花，嫣紅點點
似三月的杜鵑，開滿山野
在灑然的春雨中
夢斷伊人

若有一種愛情令人神傷
以魂牽夢繫
我想起清照的詩句，幽思瓣瓣
像五月的水蓮，半榭池畔

在向晚的夕照中
苦憶伊人

也有一種愛情讓人依戀
以形影相隨
我想起芸娘的心事，清芬惢惢
是八月的桂花，香飄院落
在靜爽的秋風中
挽住伊人

聽聽我

給我一片風雨
若愛我
不要拘築我於石雕高堡
那堅牢，那森危
只會長我脆弱
只會推我墜落
你說風雨太急使人愁
我說只有走入
才會潤澤生命成一片浩瀚的翠色
給我一盞陽光

若愛我
不要我豢養於溫香暖室
那那富餘，那華寵
只會飲我空虛
只會餵我蒼白
你說陽光太驕照人眩
我說只有迎向
才會燦爛生命以不同色澤的彩度

給我一窗繁星

若愛我
不要幽囚我於孤寒小樓
那暗沈，那冷塵
只會棄我枯萎
只會吞我憔悴
你說星光讓人想起淚

我說只有探向
才能窺見生命從宇宙的浩渺無邊

煙鎖月樓

——秋訪林家花園

寂寞的調子
彈著一種荒老的心情
在悠悠漫漫的流光中
妳的故事依然有人唱起

不在春夜，不立寒宵
恰是此時
桂花將落未落
燈火將點未點
尋芳的跫音幽幽響起

爲邂逅妳古典的清影
在花霧深處水榭傍

樓階蒼老了
月痕青苔裡淹沒了踱蹀的足音
花門憔然了
風搖霧落中推散了叩訪的情意
一角風燈可記得
當時青衫少年騎馬翩翩而來
一瓦風雨可看過
曾經鞦韆盈盈搖盪年華而去
但有誰記得
深閨一雙瑩瑩淚眼
亮起在呼喚伊的每個星夜

淡淡的薄霧漫迷著

寂寂的院落
樓窗似有衣影飄動
是誰？舊日的精魂
驚然回首
只見樹影在暮色風中
搖落一身的嘆息

劍與鏡

這從不是傳奇，自古
男人愛劍，女人愛鏡

一把劍，閃閃豪氣
載浮著男人的尊榮
一把鏡，盈盈嬋娟
流轉著女人的命運

一把劍，金尊酒前
論得男人意氣風發
一把鏡，燈下粧前

訴出女人無限衷腸

一把劍，橫掃千軍
從沙場一路到情場
一把鏡，淡掃娥媚
從深閨一路向深院

然而，風雲變化
也有落葉，也有蕭蕭時
那如縷的情絲如何揮得斷
那無寄的相思如何照得見

一把劍，寸寸灰冷
男人把矯矯的壯志火裡銷
一把鏡，淡淡煙寒
女人將薄薄的紅顏水裡拋

流言

・之一

一夕風起
滿城都感染了花粉熱
衆人紛紛過了敏
遏止不及的病熱四處流散
從街頭到巷尾
只要探點頭來
只要貪點消息
多舌的野花就樂得搶造
多事的蜂蝶便忙著傳播
春風啊，春風！妳不明究裡
莫要跟著趁勢吹送吹送

那傷及無辜的病媒

·之二

起初只是
薄薄的涼意，以一陣秋風
吹落了些情意
不料竟成
冷冷的寒霜，起一場冰雪
凍傷了人心
那唇齒之間的口沫
東橫西飛
不知不覺攪動成一場風暴
席捲無辜
有誰看見一個創傷的靈魂
暗自垂淚
在無人省問的孤獨角落

編織

放掉你手中的編織吧
纖纖細細如繫憂思
纏纏繞繞如結愁腸
那一針一線的計量
只會把心織得更緊
那一針一線的揣度
只會把情編得更亂

妳以爲編的是金緞
妳以爲織的是錦繡
那一針一線的密實

不過是一片華麗的空無
站在春陽三月清光中
我如是冷冷靜靜地看

看貓兒都懶得玩那線球
寧在春風裡追逐飛舞的粉瓣
放下妳手中的編織吧
咱也去野外追幾盞春風回來
吹起一片清柔暖香
在髮梢，在耳目，在胸懷
在編織的心裡
針線俱忘

雲　語

是誰操縱的渾然大筆
日夜以來
不停地書寫，抒寫
以蒼天爲帛爲背
淋漓的筆墨
遼繞的筆花
揮灑著變幻的字形
晴和時
一排排的款款行書似
風起時
一行行的飛動草書似

雷雨時
一片片的濃黑墨染似
只稍稍仰頭，便見
那流動的天意
句句渾成
寫給世人看的
究竟誰懂——
字裡行間的機妙？
聚了又散的雲啊
寫的是你我的心
如此莫測
如此空幻
如此綿綿密密

四季風

・之一春

留不住的花顏
留不住的密意
教我如何看你在風裡
娑婆的姿影
搖亂一階月色

・之二夏

無端起悲涼
無端起傷懷
聽你風裡聲聲吶喊

生命的苦悶
在翠綠豐華時
那薄薄的蟬翼如何承負

·之三秋

蕩蕩的天
厭厭的人
不堪幾度風裡愁
明月西窗下
只想坐飲一杯淡然
與你，離離深黃的菊

·之四冬

都已凋零
都已幽渺
那些香酣的好夢

化片片飛雪
握不住你的空虛
只等風裡泥落為塵

歲馳

你聽見了嗎
那疾馳的蹄聲
達達切切
從遼遠的世紀洪荒
淹奔而來

如風似火，一路
踏斷了春野的花蹤
踏落了秋原的醉葉
似電如雷，一路
飛躍了煙升的沼澤

飛渡了月落的江流
追千山萬水而來
跨滄海桑田而去
無可羈留的放曠啊
揚蹄之間捲起
滾滾紅塵多少情事
飛蹄之後留下
世煙濛濛多少迷思

自遠方怒嘯而來
蹄聲如洪
響遍了生命的曠野
驚起無數的魂夢飛天
你聽見了嗎

看！時光之駒
那風掃落葉的勁勢
迎面踏來，轉眼
你我蹄下灰飛煙滅
一堆塵土

人生波瀾

如果如果
大海痛苦的結晶
是那顆顆的鹽啊
我想我想
人間痛苦的結晶
該是那顆顆的淚吧
離離碎碎的夢
深深淺淺的流
流在戀者的襟底
是喚不回的愛
流在離者的眼底

是遣不去的愁
流在困者的心底
是解不開的惑
流在春深秋水
人在天涯時
流在黃昏夕陽
人倚欄杆時
流在衆鳥高飛
人獨落宕時
淚水連著淚水
匯成滄滄人生
幾度波瀾

飛翔的理由

不慕金鳥華羽
那飛多麼欲振乏力
不羨長線紙鳶
那飛多麼徬徨無力

金鳥的園林雖美
一方的天空
總望不到壯闊的海洋
紙鳶的牽繫雖穩
一線的天空
總看不見雲端的金彩

對於飛翔
只有縱橫自在
只有無際無邊
才能遼闊自己成一片蒼穹
才能幽深自己如十方宇宙

無題

一整個下午
風與樹都在爭辯著
知了的去處
一個說樹太靜留不住
一個說風太急逼走了
滿城飛絮流傳的是——
秋的那個老賊
將它挾持到山裡
爲他唱歌去了
聽得一地的野花芒草
哐嗓不安了起來

一夕之間
紛紛急白了頭
搖著滿山遍野的茫茫，問天
天無語，只有幾朵白雲
相互擁慰並勉強擠下
一塘的淚水，澄澄

霊心之繪

晚　課

償　還

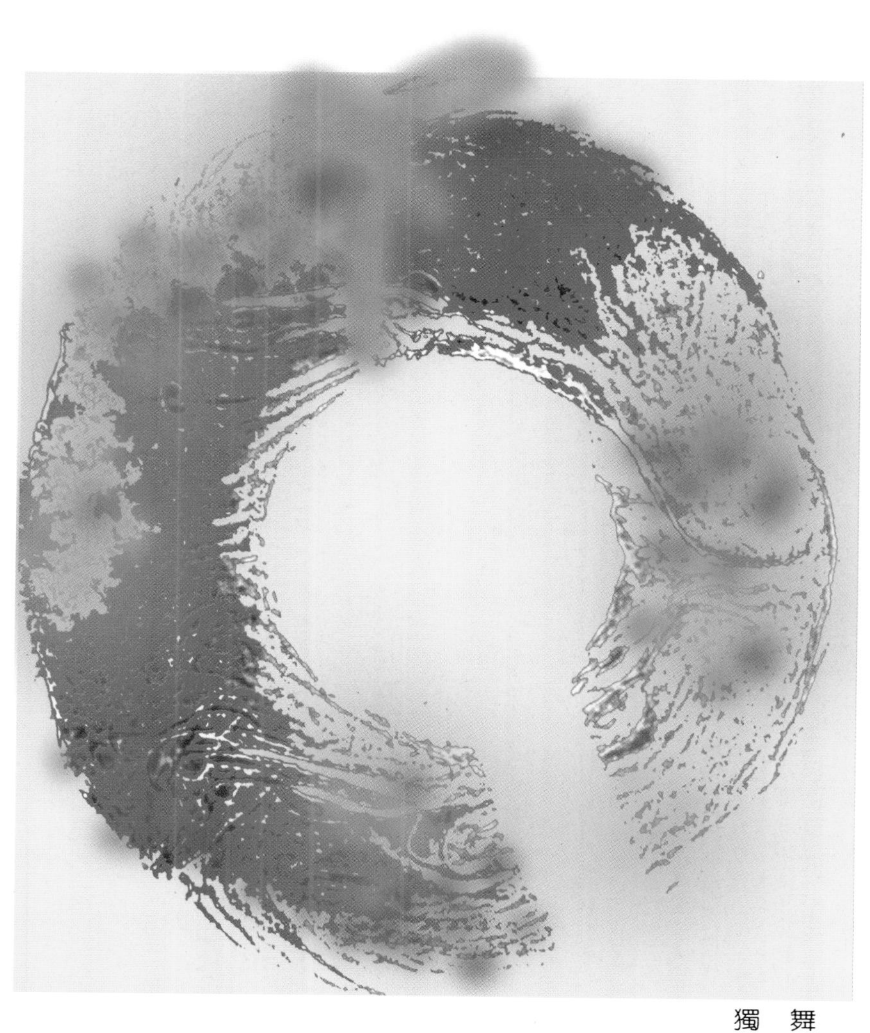

獨　舞

錯　過

冰與水

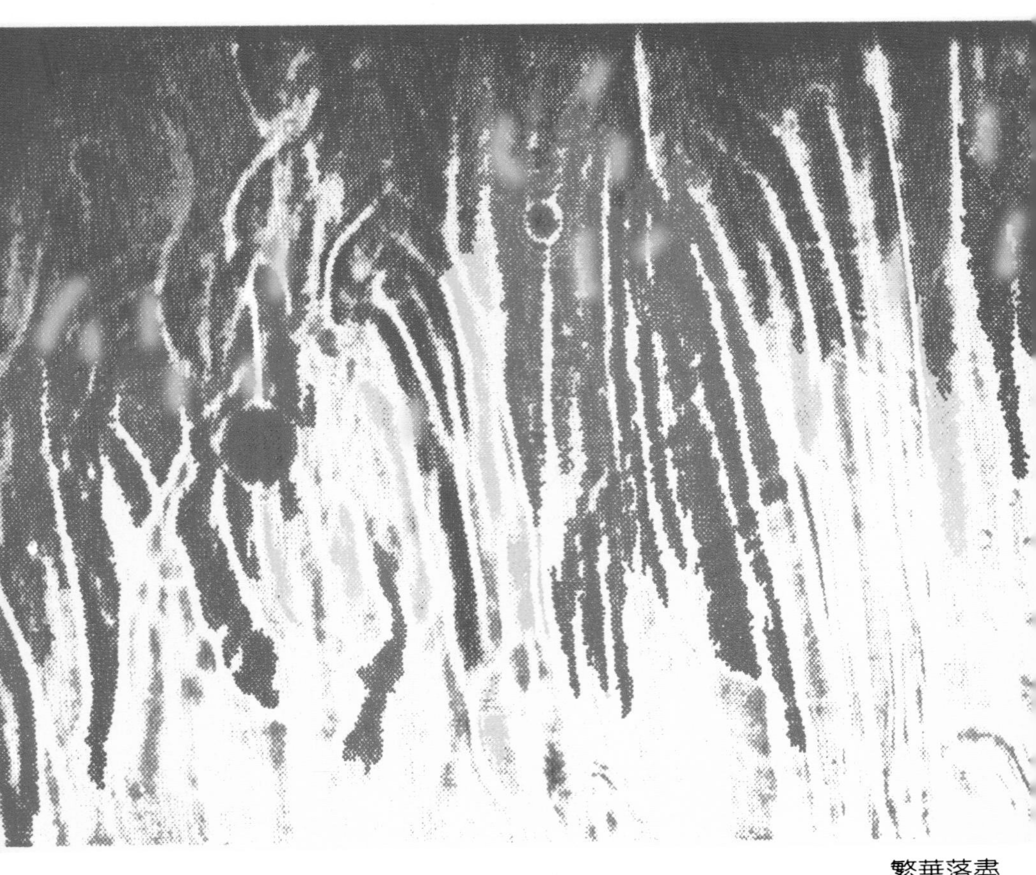

繁華落盡

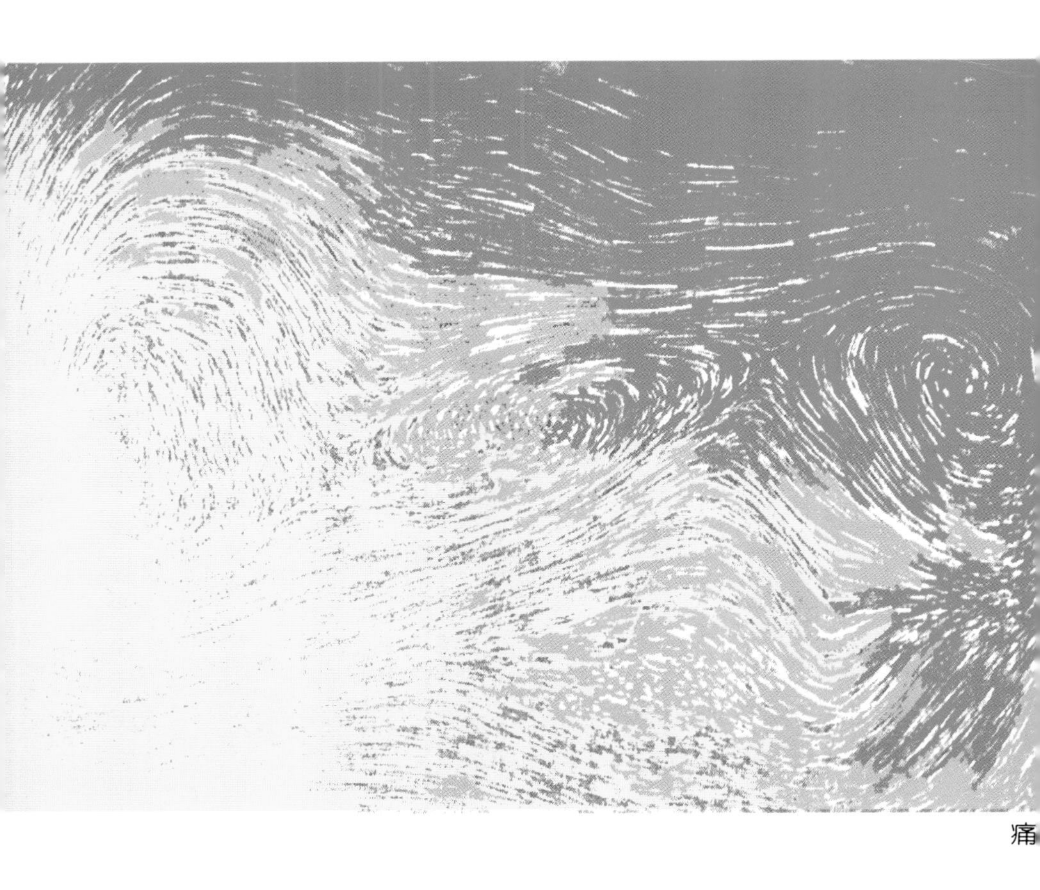

痛

茶的苦思

華嚴海

我遲了

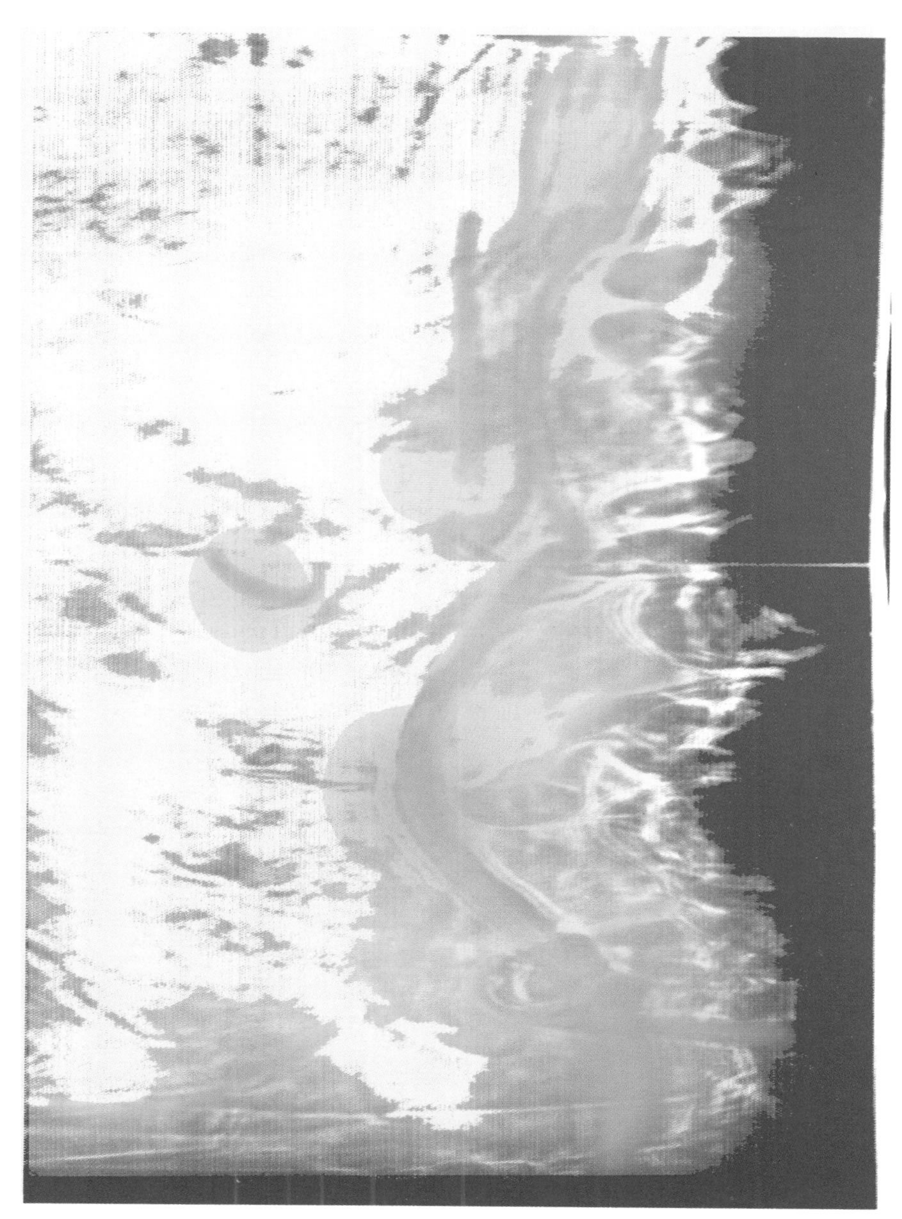

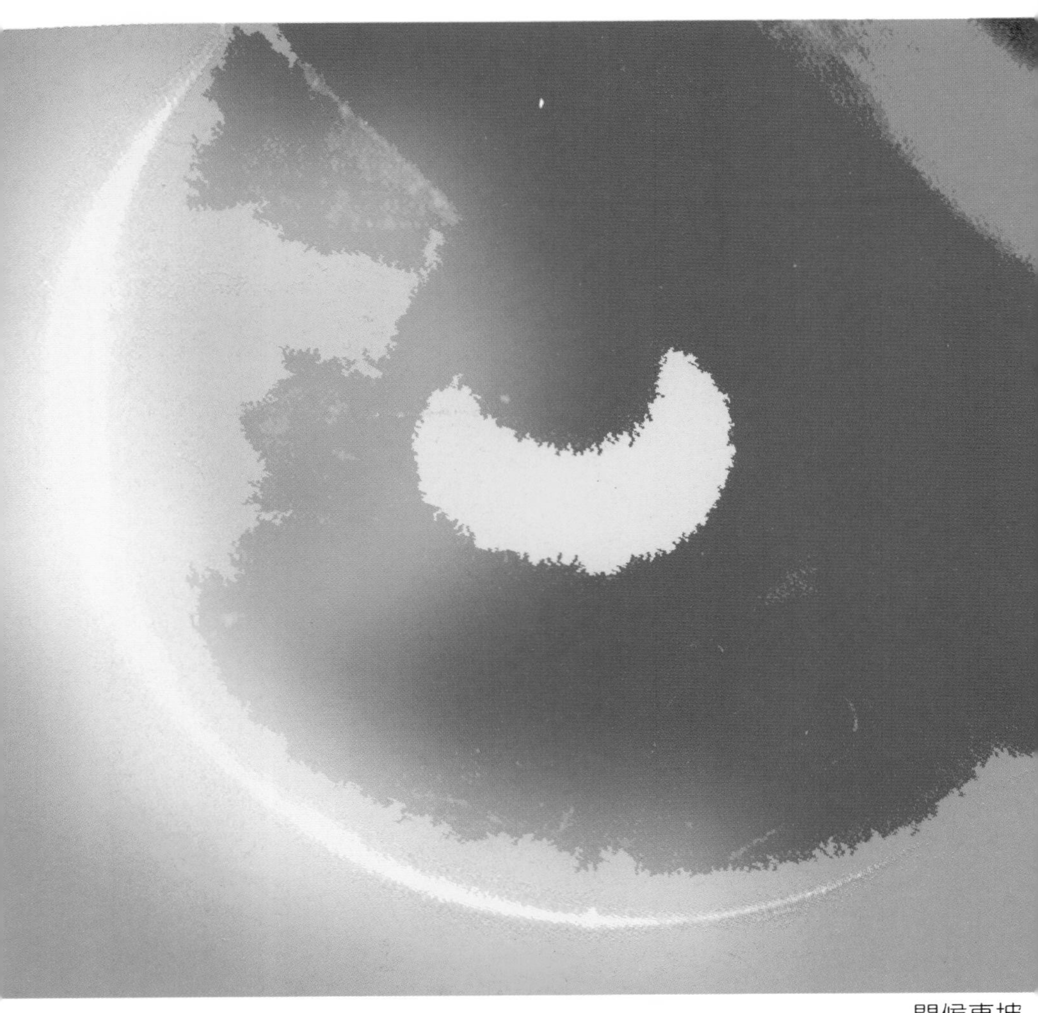

問候東坡

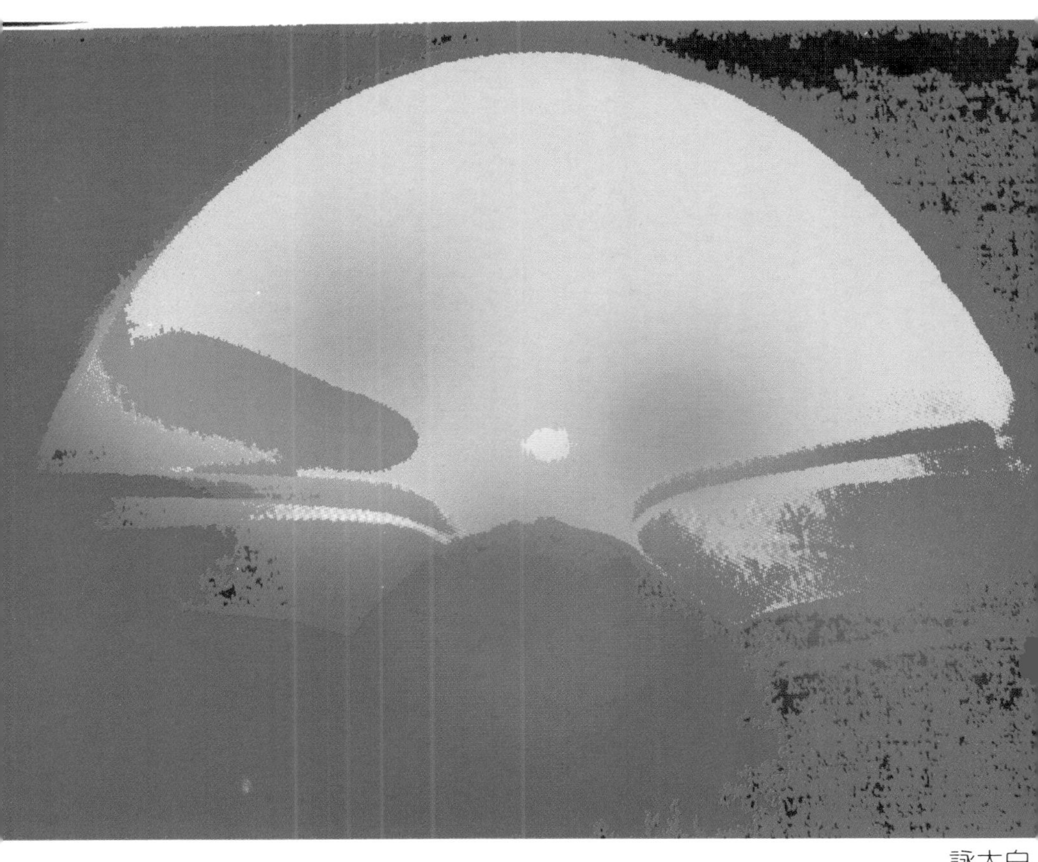

詠太白

花想二帖

淚的獨白

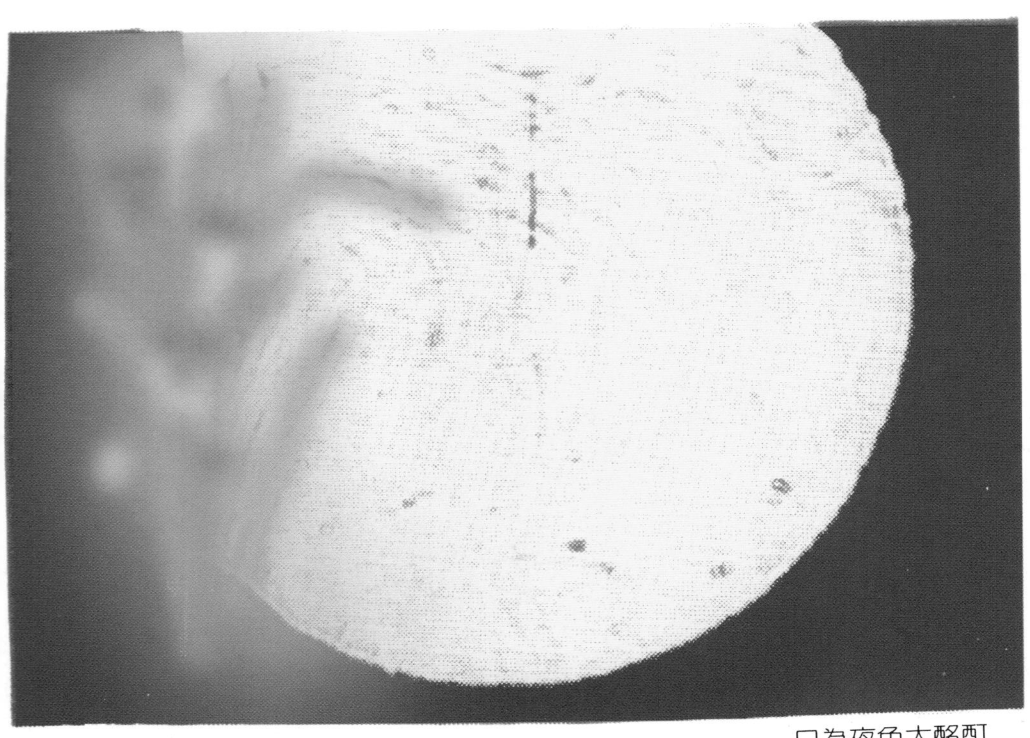

只為夜色太酩酊

讓遠去的遠去

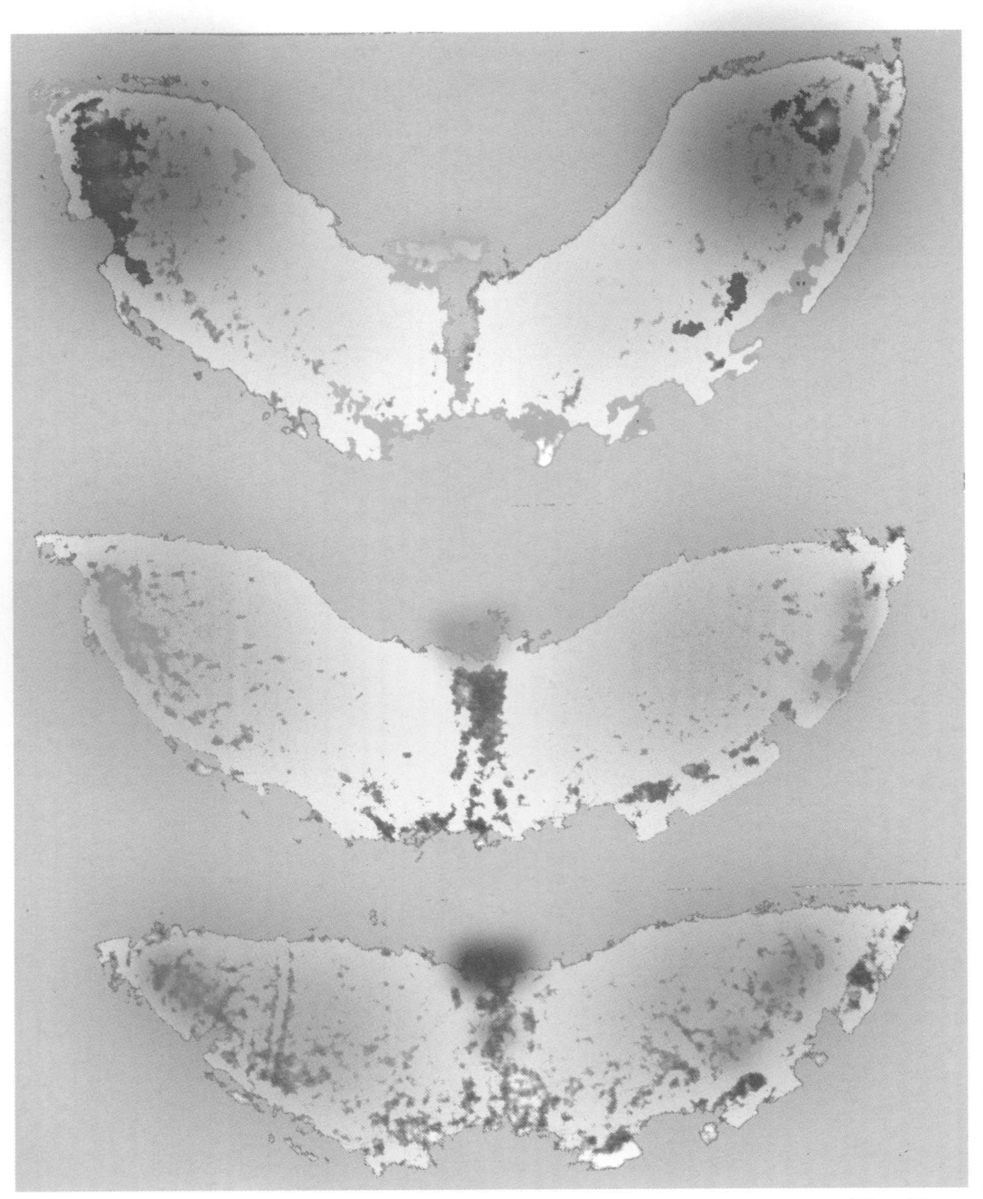

梁　祝

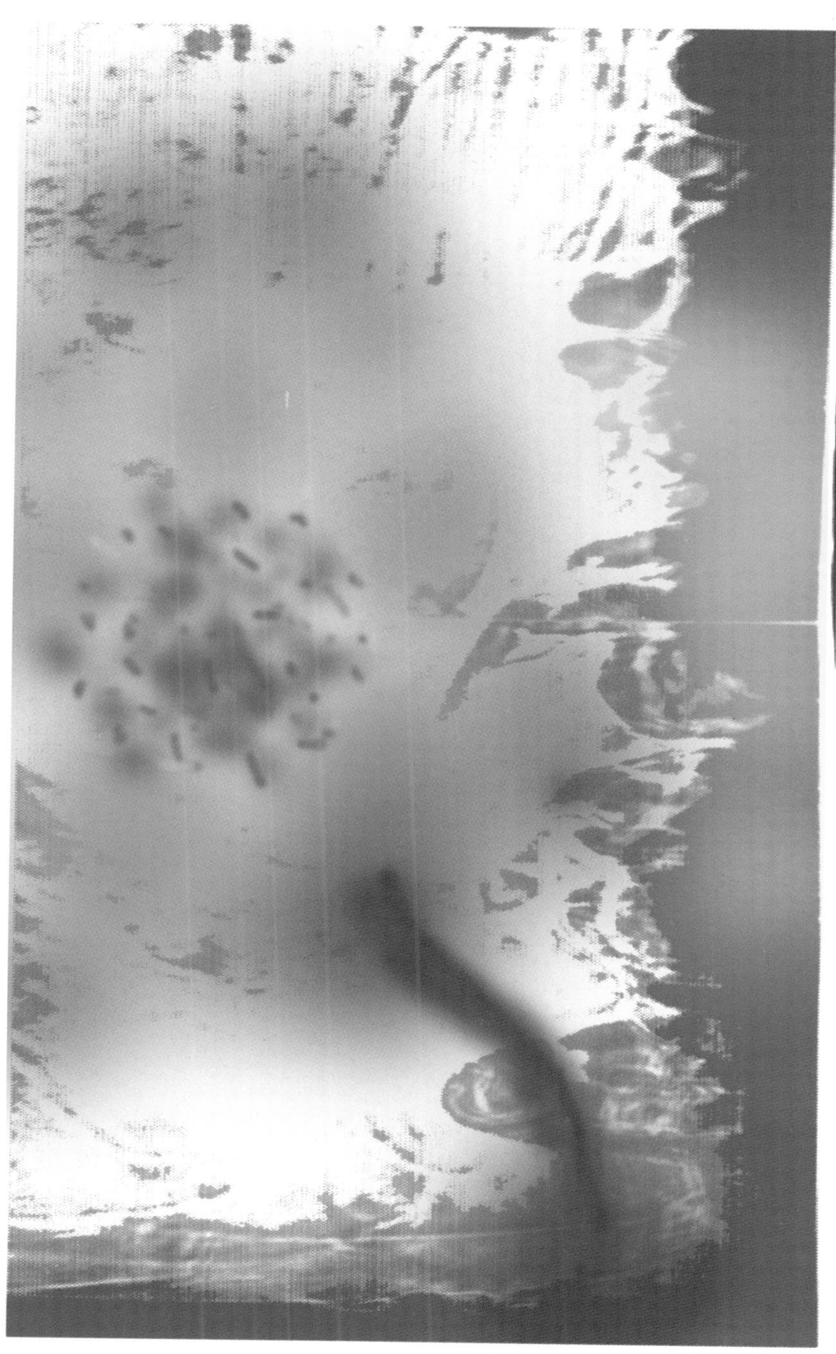

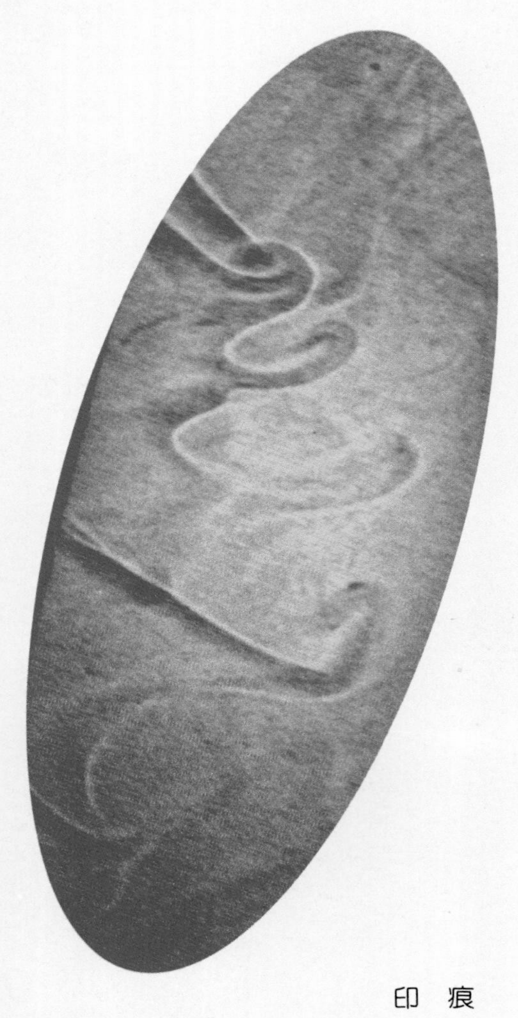

印 痕

長日將盡

散　戲

卸　妝

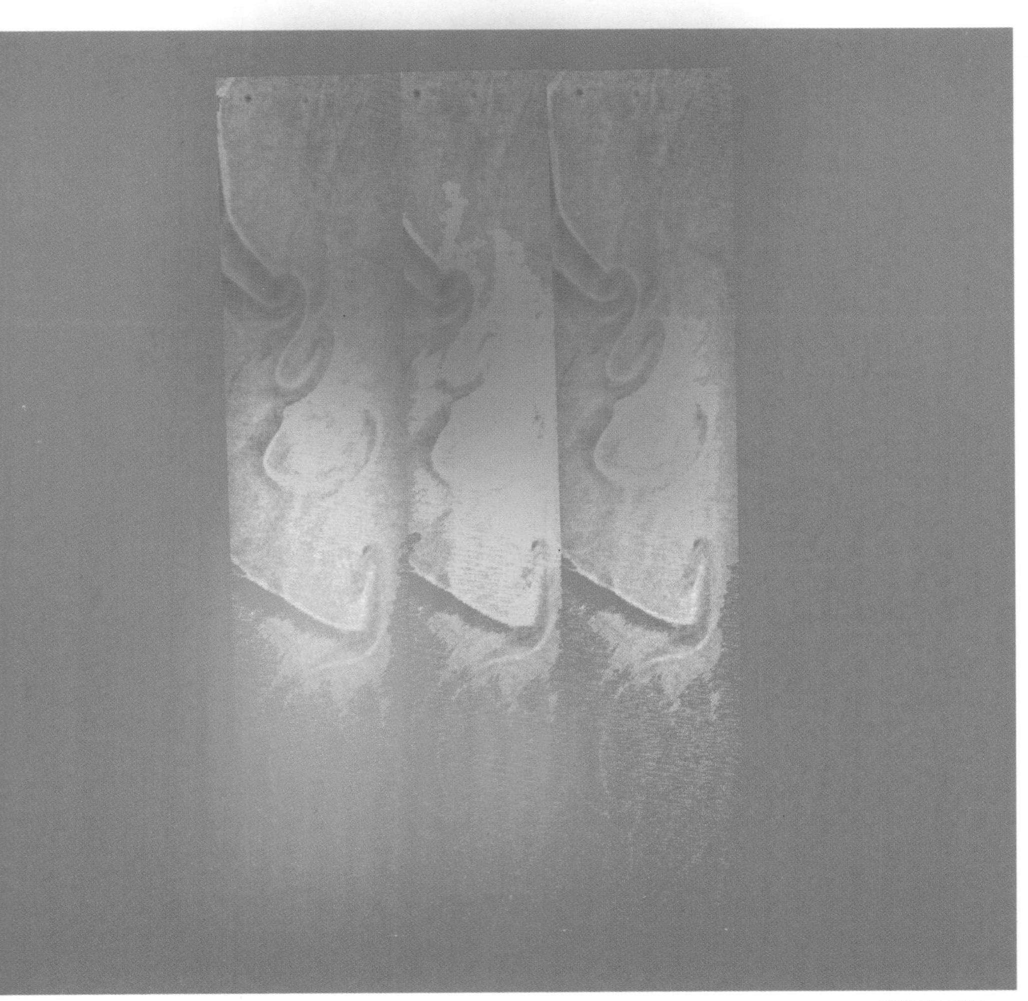

愛情三唱

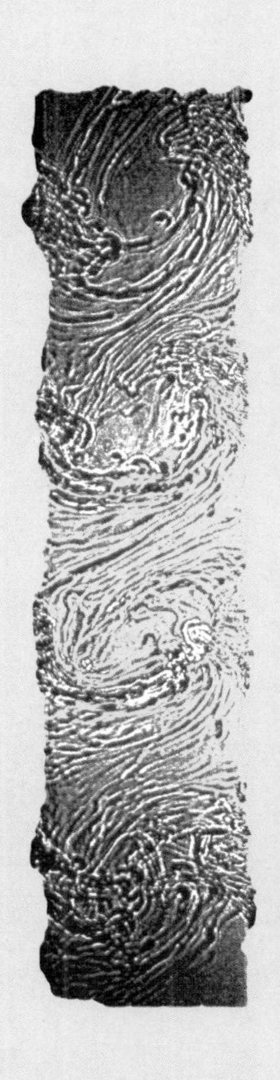

劍與鏡

流言

編 織

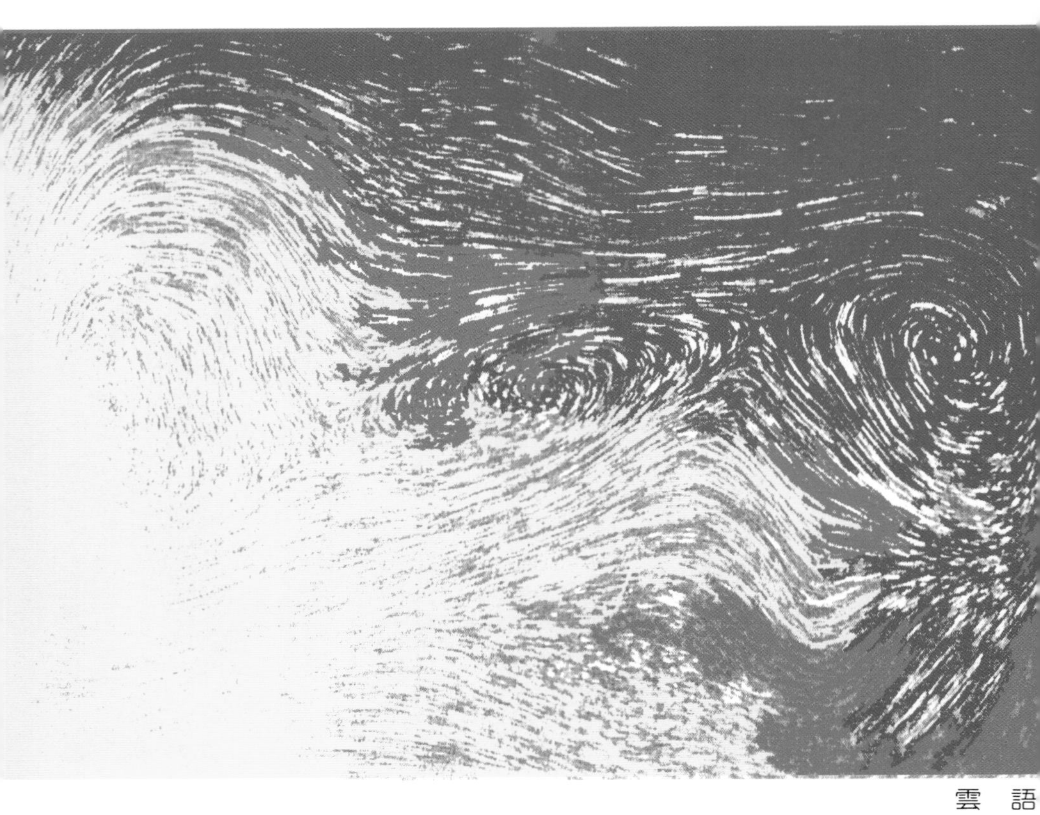

雲　語

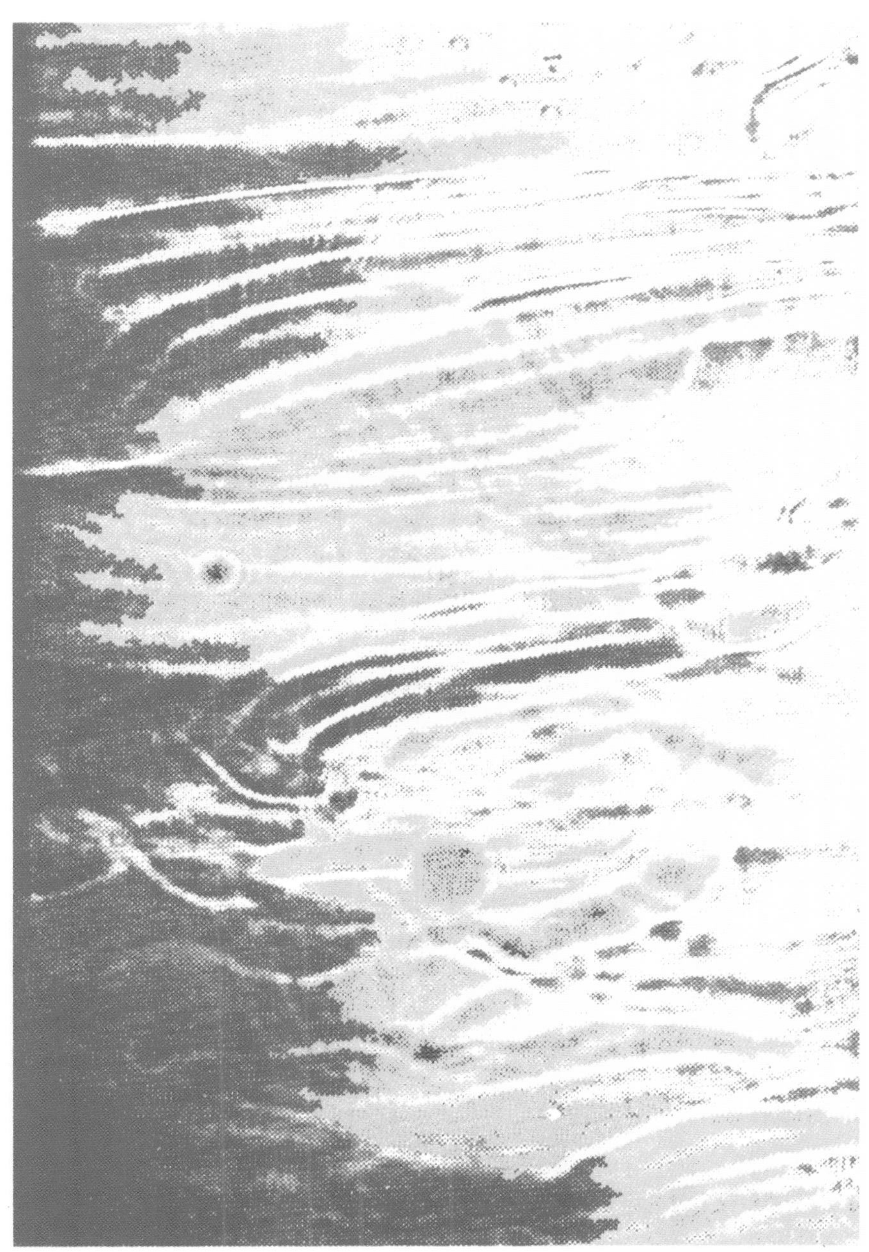

四季風

歲　馳

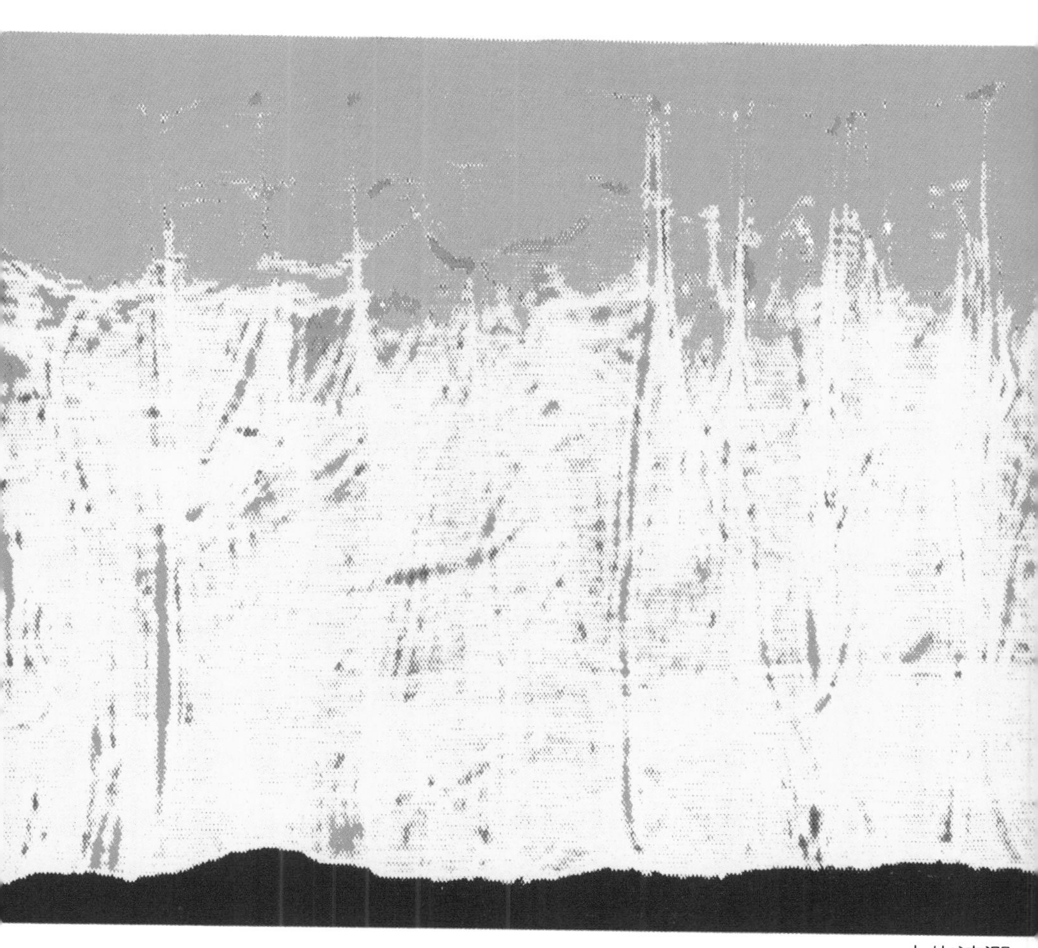

人生波瀾

無　題